KB190706

새 성령 시대를 위한
NEW BIBLE STUDY 시리즈 7　사무엘상

하나님이 세우시는 사람

정의호 지음

그열매

새 선교 시대를 위한
NEW BIBLE STUDY 시리즈 7 **사무엘상**

하나님이 세우시는 사람

초판 발행 / 2003년 5월 4일
개정판 발행 / 2021년 3월 10일
지은이 / 정의호
펴낸곳 / 그열매
펴낸이 / 정의호
출판 등록 / 2003년 4월 15일
등록 번호 / 제145호
주소 / (12772) 경기도 광주시 오포읍 태재로 119
전화 / 031-711-0191
팩스 / 031-711-0149

[NEW BIBLE STUDY 시리즈]

NEW BIBLE STUDY는 과거의 전통과 율법적인 시대를 지나 새로운 성령 시대를 맞이하고 있는 우리에게 성령의 조명 아래에서 성경 말씀을 공부할 수 있도록 도움을 주기 위해 만들어졌습니다. 어느 시대나 영적 부흥의 역사는 항상 하나님의 말씀이 새롭게 회복되어지는 것에서 부터 시작되어 왔습니다. 이제 새로운 성령 시대를 준비하면서 새롭게 성경을 공부하시기 바랍니다.

사무엘서 소개

1. 책이름

원래 히브리 성경은 사무엘서가 한권으로 되어있다. 70인역에 의해 처음으로 상/하로 구분되어 오늘날에 이르고 있다. 그 명칭은 사무엘서에서 주요한 위치를 차지하는 사무엘의 이름을 따서 붙인 것이다.

2. 저자

유대교 전승(傳承)에는 사무엘이 저자라고 알려지고 있으나 정확한 것은 알지 못한다.

3. 역사적 배경

사무엘서는 사무엘의 출생에서부터 다윗까지의 약 150년 (BC 1120~970)간의 이스라엘 역사를 다루고 있다. 엘리 제사장 가문의 영적 무지는 당시 사사 시대의 어두운 영적 상태를 보여주고 있다. 이때 하나님께서는 사무엘 한 사람을 세우셔서 이스라엘에 영적인 회개와 부흥 운동을 이루어 가신다. 사무엘은 마지막 사사로서 사울과 다윗 두 왕을 세워 왕정 시대로 이어지게 하는 역할을 하고 있다.

하나님은 하나님 뜻에 불순종한 사울을 폐하시고, 하나님 마음에 합한 다윗을 통해 그 역사를 이루어 가신다. 본서를 통해 하나님이 쓰시는 인물이 어떤 사람인가를 배울 수 있다. 또한 하나님이 인류 역사를 하나님 안에서, 하나님께 순종하는 자들을 통해 주권적으로 이루어 가시는 모습을 배울 수 있다.

4. 공부 목적

사무엘서를 공부함으로 하나님이 기뻐하시는 신앙 인격과 하나님이 우리에게 원하시는 것이 무엇인가를 배울 수 있다. 그래서 하나님 뜻대로 하나님 역사에 귀하게 쓰임받는 일꾼이 되는 것이 사무엘서를 공부하는 목적이 되어야 할 것이다.

5. 내용 구분

제1강 사무엘을 세우시는 하나님 (사무엘상 1~7장)

제2강 하나님을 버린 이스라엘 (사무엘상 8~15장)

제3강 다윗을 부르시는 하나님 (사무엘상 16~20장)

제4강 다윗을 연단시키시는 하나님 (사무엘상 21~31장)

차 례

\\

01

1강 사무엘을 세우시는 하나님

본 문 : 사무엘상 1~7 장

요 절 : 사무엘상 2장 30절
"... 나를 존중히 여기는 자를 내가 존중히 여기고
나를 멸시하는 자를 내가 경멸하리라"

I. 사무엘을 예비하시는 하나님 (1장)

1. 엘가나의 가정 문제가 무엇이며, 한나가 왜, 어떤 고통을 받습니까?
(1:1~8)

1) 가정 문제

_____

_____

2) 이유

_____

_____

3) 한나의 고통

_____

_____

2. 한나가 자신의 어려운 문제를 어떻게 해결하고자 합니까? (1:9, 10) 한나의 기도의 동기, 기도의 종류, 기도의 내용, 기도의 방법이 어떠합니까? (1:10~16)

1) 해결 방법

_____

_____

2) 한나의 기도

_____

_____

a. 기도의 동기

_____

_____

b. 기도의 종류

_____

_____

c. 기도의 내용

_____

_____

d. 기도의 방법

_____

_____

3. 엘리 제사장이 한나를 어떻게 오해했습니까? (1:14) 이에 대해 한나가 어떻게 말했으며 (15,16), 그에 대한 엘리의 대답이 어떠합니까? (17) 기도 응답의 확신을 가진 한나의 상태가 어떠했습니까? (18)

1) 엘리의 오해

_____

_____

2) 한나의 설명

_____

_____

3) 엘리의 대답

_____

_____

4) 한나의 상태

_____

_____

4. 한나가 어떻게 아들을 얻게 되었으며, '사무엘'의 이름 뜻이 무엇입니까? (1:19,20) 하나님이 한나에게 두신 뜻이 무엇입니까? (1:5,6,19)

1) 어떻게

_____

_____

2) 사무엘 이름의 뜻

_____

_____

2) 한나에게 두신 하나님의 뜻

_____

_____

5. 한나가 하나님께 서원한 것을 언제, 어떻게 지킵니까? (1:21~28; 2:11)

1) 언제

_____

_____

2) 어떻게

_____

_____

6. 한나를 통해 하나님께서 일하시는 방법에 대해 말해 보세요. (예레미야 33:2,3; 로마서 8:28)

_____

_____

II. 사무엘의 부르심과 엘리 집의 경고 (2~3장)

1. 한나가 기도를 통해 하나님께서 자기에게 하신 일을 어떻게 찬양합니까? (2:1, 2) 한나가 만난 하나님의 성품을 구체적으로 찾아보세요. (2:3-10)

1) 한나의 찬양

_____

_____

2) 한나가 만난 하나님의 성품

_____

_____

2. 엘리의 두 아들은 어떤 자이며 (2:12), 그들의 죄가 무엇입니까? (2:13~17)

1) 두 아들

_____

_____

2) 두 아들의 죄

_____

_____

3. 사무엘의 성장 과정과 (2:11, 18~21, 26) 엘리의 두 아들의 행위가
어떻게 다릅니까? (2:22~24) 사무엘을 하나님께 드린 한나를 하나님께
서 어떻게 축복하십니까? (2:20,21)

  1) 사무엘의 성장 과정

_____

_____

  2) 엘리 두 아들의 성장 과정

_____

_____

  3) 한나에 대한 축복

_____

_____

4. 엘리의 아들들에게 하나님의 심판이 임할 징조가 어떻게 나타납니까? (2:24,25; 히브리서 3:15) 하나님은 엘리의 죄를 어떤 방법으로 경고하시며, 엘리에게 베푸신 하나님의 은혜가 무엇이며, 엘리가 하나님 앞에 지은 죄가 무엇입니까? (2:27~29)

1) 심판받을 징조

_____

_____

2) 하나님의 경고 방법

_____

_____

3) 엘리에게 베푸신 은혜

_____

_____

4) 엘리의 죄

_____

_____

5. 엘리 집에 내리실 하나님의 심판 기준과 그 내용이 무엇입니까? (2:30-34) 하나님은 어떤 사람을 세우셔서 자기 뜻을 행하십니까? (2:35) 엘리 집의 남은 자들이 어떻게 됩니까? (36)

1) 심판의 기준

_____

_____

2) 심판의 내용

_____

_____

3) 하나님이 세우시는 사람

_____

_____

4) 엘리 집에 남은 사람들

_____

_____

6. 사무엘이 부름을 받을 당시 이스라엘의 영적 상태가 어떠했습니까? (3:1~2) 사무엘이 언제 하나님의 음성을 들었으며, 이에 사무엘이 어떻게 반응했습니까? (3:3~10)

1) 이스라엘의 영적 상태

_____

_____

2) 언제

_____

_____

3) 사무엘의 반응

_____

_____

7. 사무엘에게 하신 하나님의 말씀이 무엇이며, 엘리의 죄가 무엇입니까? (3:11-14) 사무엘이 엘리에게 어떤 자세로 하나님의 말씀을 전했으며, 이때 엘리의 반응이 어떠합니까? (3:15-18)

1) 하나님의 말씀

_____

_____

2) 엘리의 죄

_____

_____

3) 사무엘의 자세

_____

_____

4) 엘리의 반응

_____

_____

8. 하나님께서 사무엘을 선지자로 세우시는 방법이 어떠하며, 백성들이 그 사실을 어떻게 알게 되었습니까? (3:19~21)

  1) 하나님이 세우시는 방법

_____

_____

  2) 백성이 알게 된 방법

_____

_____

9. 하나님의 심판이 임할 사람에게 어떤 징조가 나타납니까? (출애굽기 7:12,13; 여호수아 11:20; 잠언 29:1; 로마서 1:28)

_____

_____

III. 하나님의 궤를 빼앗긴 이스라엘 (4~6장)

1. 이스라엘이 블레셋과의 전쟁에서 패하자 어떤 방법을 사용합니까?
(4:1~4) 이때 이스라엘과 블레셋의 사람의 반응이 각각 어떠했습니까?
(4:5~9)

　1) 어떤 방법

_____

_____

　2) 반응

_____

_____

　　a. 이스라엘

_____

_____

　　b. 블레셋

_____

_____

2. 언약궤를 앞세운 전쟁의 결과가 어떻게 되었으며, 엘리에게 한 심판의 예언이 어떻게 이루어졌습니까? (4:10~18; 2:33,34)

  1) 전쟁의 결과

  _____

  _____

  2) 하나님의 심판

  _____

  _____

3. 비느하스의 아내는 이 사건의 의미를 어떻게 말했습니까? (4:19~22)

  _____

  _____

4. 하나님께서 언약궤를 빼앗은 블레셋 사람들에게 어떻게 자기 영광을 나타내셨습니까? (5:1~5) 하나님의 언약궤를 경홀히 여긴 블레셋의 아스돗, 가드, 에그론 사람들에게 어떤 재앙이 주어집니까? (5:6~12)

1) 하나님의 영광

_____

_____

2) 재앙

_____

_____

5. 언약궤가 블레셋에 얼마 동안 머물렀습니까? (6:1) 블레셋 사람들이 왜, 어떻게 법궤를 돌려보냅니까? (6:2~12; 16~18)

1) 얼마 동안

_____

_____

2) 왜

_____

_____

3) 어디로

_____

_____

6. 벧세메스 사람들이 법궤를 어떻게 맞이했습니까? (6:13~15) 벧세메스 사람들이 왜 하나님의 심판을 받았으며, 법궤가 어디로 옮겨집니까? (6:19~21)

1) 어떻게

_____

_____

2) 왜

_____

_____

3) 어디로

_____

_____

7. 하나님의 언약궤 사건을 통해 나타내신 하나님의 영광과 위엄에 대해 나누어 보세요.

_____

_____

IV. 영적 부흥으로 승리하는 사무엘 (7장)

1. 하나님의 법궤가 어디에, 얼마 동안 머물렀습니까? (1,2)

1) 어디에

_____

_____

2) 얼마 동안

_____

_____

2. 사무엘은 이스라엘 백성들이 블레셋에 승리할 수 있는 진정한 방법이 무엇이라고 말하며, 이에 대한 백성의 반응이 어떠합니까? (3,4)

　1) 승리의 방법

_____

_____

　2) 백성의 반응

_____

_____

3. 사무엘이 백성들을 위해 미스바에서 무엇을 했으며, 그때 어떤 일이 일어났습니까? (5,6) 이때 어떤 위기가 있었으며, 백성들의 태도가 어떠했습니까? (7,8)

　1) 무엇

_____

_____

2) 어떤 일

_____

_____

3) 백성들의 태도

_____

_____

4. 블레셋의 공격 앞에 사무엘이 어떻게 했으며, 그때 하나님께서 하신 일과 이스라엘이 한 일이 무엇입니까? (9-11) 전쟁에 승리한 후 사무엘이 무엇을 했습니까? (12)

　　미스바의 회개 기도 사건 후 이스라엘에 어떤 회복의 역사가 일어났습니까? (13~14) 미스바에서 일어난 기도의 역사를 통해 하나님께서 어떻게 사무엘의 영적 지도력을 세우십니까? (15~17)

1) 사무엘이 한 일

_____

_____

2) 하나님이 하신 일

_____

_____

3) 이스라엘이 한 일

_____

_____

4) 사무엘이 한 것

_____

_____

5) 이스라엘의 회복

_____

_____

6) 사무엘의 영적 지도력

_____

_____

5. 영적 전투에 승리와 패배의 원인이 무엇인지 말해 보세요. (신명기 28:1,2,7,15,25)

1) 승리의 원인

_____

_____

2) 패배의 원인

_____

_____

V. 종합정리

1. 우리에게 주어진 어려운 상황을 어떻게 하나님의 역사에 동참하는
   기회로 바꿀 수 있는가 말해 보세요.

———————————————————————————————

———————————————————————————————

2. 엘리와 사무엘을 비교해볼 때 그 시대를 인도하는 지도자의 중요성에
   대해 말해보세요.

———————————————————————————————

———————————————————————————————

02

2강 하나님을 버린 이스라엘

본 문 : 사무엘상 8~15장

요 절 : 사무엘상 13장 14절
"지금은 왕의 나라가 길지 못할 것이라 여호와께
서 왕에게 명령하신 바를 왕이 지키지 아니하였
으므로 여호와께서 그의 마음에 맞는 사람을 구
하여 여호와께서 그를 그의 백성의 지도자로 삼
으셨느니라 하고"

I. 왕을 구하는 백성들 (8장)

1. 이스라엘 장로들이 왕을 요구하는 표면적인 이유와 실제적인 이유가 무엇입니까? (1~8) 이에 대한 사무엘과 하나님의 마음이 어떠합니까?

1) 표면적인 이유

_____

_____

2) 실제적인 이유

_____

_____

3) 사무엘의 마음

_____

_____

2. 백성의 요구에 대한 하나님의 대답과 왕정 제도로 인해 백성들에게 부과되는 것들이 어떠합니까? (9~17)

　1) 하나님의 대답

_____

_____

　2) 백성들에게 부과되는 것들

_____

_____

3. 사무엘이 백성들에게 어떤 경고를 합니까? (18) 왕정제도가 가져올 여러가지 경고를 듣고 난 백성들의 반응이 어떠하며, 이에 대한 하나님의 결정이 무엇입니까? (19~22)

　1) 경고

_____

_____

2) 백성들의 반응

_____

_____

3) 하나님의 결정

_____

_____

4. 하나님의 은혜를 저버리고 세상의 왕을 요구하는 백성들을 통해 우리 인간의 연약한 모습이 무엇인지 나누어 보세요? (신명기 8:12~14; 로마서 1:21,22)

_____

_____

II. 이스라엘의 초대 왕 사울 (9~12장)

1. 사울은 어떤 사람입니까? (9:1~2)

_____

_____

2. 하나님께서 사울을 어떤 방법으로 사무엘에게로 인도하시며 (3-14), 사무엘에게 어떤 사명을 주십니까? (9:15~17)

  1) 사울의 인도 방법

_____

_____

  2) 사무엘에게 주어진 사명

_____

_____

3. 사무엘이 사울에게 하나님의 뜻을 말할 때 사울의 반응이 어떠합니까? (9:18~21) 사무엘이 어떻게 하나님의 명령을 행합니까? (9:22~10:1)

　1) 사울의 반응

　　_____

　　_____

　2) 어떻게

　　_____

　　_____

4. 사무엘이 말한 사울에게 일어날 세 가지 예언은 무엇이며, 사무엘이 사울에게 어떤 명령을 합니까? (10:2~8)

　1) 세 가지 예언

　　a. 첫째

　　_____

　　_____

b. 둘째

_____

_____

c. 셋째

_____

_____

2) 명령

_____

_____

5. 기름부음 받은 사울에게 어떤 일이 일어났습니까? (10:9~13) 사울이
받은 은혜를 어떻게 지켰습니까? (10:14~16)

1) 사울에게 일어난 일

_____

_____

2) 어떻게

_____

_____

6. 사무엘이 이스라엘의 초대 왕을 선출하는 방법이 어떠합니까?
(10:17~27) 이에 대한 사무엘의 심정이 어떠했습니까? (17~19), 사울이
왕으로 선출되었을 때 사울의 자세 (21~23,27)와 백성들의 반응
(24~27)이 어떠하며, 사무엘이 무엇을 했습니까?(24,25)

1) 왕의 선출 방법

_____

_____

2) 사무엘의 심정

_____

_____

3) 사울의 자세

_____

_____

4) 백성들의 반응

_____

_____

5) 사무엘이 한 일

_____

_____

7. 하나님께서 어떤 방법으로 사울의 왕권을 세우십니까? (11:1~6) 사울을 통해 하나님의 권세가 어떻게 나타났으며, 사울이 어떻게 왕으로 세워지게 되었습니까? (11:7~15)

1) 사울의 왕권을 세우시는 방법

_____

_____

2) 하나님의 권세

_____

_____

3) 왕으로 세워지는 방법

_____

_____

8. 12장은 백성들에게 전하는 사무엘의 고별 메시지입니다. 사무엘이 사사로서의 사역 자세 (1~5), 그동안 이스라엘을 인도하신 하나님의 구원의 역사와 열조들의 죄 (6~11), 하나님을 버리고 왕을 구한 백성의 죄 (12)에 대해 어떻게 말합니까?

1) 사무엘의 사역 자세

_____

_____

2) 하나님의 구원의 역사

_____

_____

3) 열조들의 죄

_____

_____

4) 백성들의 죄

_____

_____

9. 백성들을 향한 사무엘의 권면과 경고가 무엇입니까? (12:13~15) 사무엘이 어떻게 백성들이 자기 죄를 심각하게 깨달을 수 있도록 했으며, 그때 백성들의 반응이 어떠했습니까? (12:16~19)

1) 권면

_____

_____

2) 경고

_____

_____

3) 죄를 경고하는 방법

_____

_____

4) 백성들의 반응

_____

_____

10. 자기 죄를 자복하는 백성들에게 사무엘이 어떤 권면과 경고를 합니까? (12:20~25) 특별히 백성들을 다스리는 사무엘의 사역 방법이 어떠합니까? (12:23)

1) 권면

_____

_____

2) 경고

_____

_____

3) 사무엘의 사역 방법

_____

_____

11. 사울을 택하시고 왕으로 세우시는 하나님을 통해 하나님은 어떤 사람을 택하시며, 어떤 방법으로 그 직분을 감당하게 하시는지에 대해 나누어보세요.

　1) 어떤 사람

　―――――――――――――――――――――――――――――
　―――――――――――――――――――――――――――――

　2) 어떤 방법

　―――――――――――――――――――――――――――――
　―――――――――――――――――――――――――――――

III. 사울을 버리시는 하나님 (13~15장)

1. 블레셋과의 전쟁에서 이전에 왕을 구하며 왕을 의지하려고 했던 백성들의 모습이 어떠합니까? (13:1~8) 하나님이 세우신 사사(士師) 사무엘의 지도 아래 있었던 때와 비교해보세요. (사무엘상 7:7~14)

　1) 백성들의 모습

　―――――――――――――――――――――――――――――
　―――――――――――――――――――――――――――――

2) 사무엘 시대와 비교

_____

_____

2. 사울이 어떤 상황에서 무슨 일을 행합니까? (13:8,9) 이에 대한 사울의 변명이 무엇이며, 그의 어떤 신앙 자세를 볼 수 있습니까? (13:10~12)

1) 사울의 상황

_____

_____

2) 사울이 행한 일

_____

_____

3) 사울의 변명

_____

_____

4) 사울의 신앙 자세

_____

_____

3. 사무엘이 사울의 죄를 어떻게 책망하며, 이에 대한 하나님의 뜻이 무엇입니까? (13:13,14) 하나님을 떠난 사울 왕과 왕을 의지하던 백성들의 형편이 어떠합니까? (13:15~23)

1) 사울의 죄를 책망

_____

_____

2) 하나님의 뜻

_____

_____

3) 사울 왕의 형편

_____

_____

4) 백성의 형편

_____

_____

4. 요나단이 블레셋을 공격하게 된 동기가 무엇입니까? (14:1~6) 요나단이 하나님이 함께 하신다는 어떤 표징을 구했으며, 그 결과가 어떠했습니까? (14:7~16)

1) 요나단의 공격 동기

_____

_____

2) 표징

_____

_____

3) 결과

_____

_____

5. 하나님을 의지하는 한 사람 요나단을 통해 하나님은 어떤 방법으로 블레셋 군대를 이기게 하셨습니까? (14:17~23)

_____

_____

6. 사울은 전쟁 중에 있는 군사들에게 어떤 명령을 했으며, 이로 인해 백성들이 어떤 어려움을 겪게 됩니까? (14:24~35)

1) 사울의 명령

_____

_____

2) 백성들의 어려움

_____

_____

7. 요나단이 어떤 위기에 처하게 되며, 어떻게 벗어나게 됩니까? (14:36~45) 사울이 사는 날 동안 어떤 상황이 일어나며, 사무엘 시대와 비교해 보세요. (14:46~52; 7:13,14)

1) 요나단의 위기

_____

_____

2) 요나단의 구원

_____

_____

3) 어떤 상황

_____

_____

4) 사무엘 시대와 비교

_____

_____

8. 하나님께서 사울에게 아말렉에 대해 어떤 명령을 내렸으며 그 이유가 무엇입니까? 이에 대해 사울이 어떻게 행했습니까? (15:1~9)

   1) 하나님의 명령

   _____

   _____

   2) 이유

   _____

   _____

   3) 사울의 행동

   _____

   _____

9. 아말렉과의 전쟁에서 행한 사울의 행동에 대한 하나님, 사무엘, 사울의 마음이 각각 어떻게 다릅니까? (15:10~13) 사울이 하나님 말씀에 순종하는 자세가 어떠합니까? (15:14,15)

1) 하나님의 마음

_____

_____

2) 사무엘의 마음

_____

_____

3) 사울의 마음

_____

_____

4) 사울의 자세

_____

_____

10. 사무엘이 어떻게 사울을 책망하며, 이에 대한 사울의 변명이 무엇입니까? (15:16~21)

1) 사무엘의 책망

_____

_____

2) 사울의 변명

_____

_____

11. 사무엘이 사울의 죄에 대해 어떻게 알려주며, 사울이 왜 하나님의 버림을 받습니까? (15:22,23)

1) 사울의 죄

_____

_____

2) 사울이 버림받는 이유

_____

_____

12. 사울이 범죄하게 된 원인이 무엇입니까? (15:24) 그의 심각한 문제가 무엇입니까? (15:30)

1) 사울의 범죄 원인

_____

_____

2) 사울의 문제

_____

_____

13. 하나님 앞에서 사무엘의 자세와 사울의 자세가 어떻게 다르게 나타납니까? (15:24~35)

  1) 사무엘의 자세

_____

_____

  2) 사울의 자세

_____

_____

14. 사울을 통해 하나님의 말씀에 대한 순종이 어떠해야 하는지 나누어 보세요.

_____

_____

IV. 종합정리

1. 이스라엘 백성이 왕을 구하는 동기와 그 결과에 대해 나누어 보세요.

  1) 동기

_____

_____

  2) 결과

_____

_____

2. 사울을 통해 나타나는 인본주의적인 신앙의 문제점이 무엇인지 나누어 보세요.

_____

_____

3. 하나님의 은혜로 왕이 된 사울이 버림받게 되는 것을 통해 받은 은혜를 지키는 것의 중요성에 대해 나누어 보세요.

_____

_____

03

3강 다윗을 부르신 하나님

본 문 : 사무엘상 16~20 장

요 절 : 사무엘상 16장 7절
"여호와께서 사무엘에게 이르시되 그의 용모와 키를 보지 말라 내가 이미 그를 버렸노라 내가 보는 것은 사람과 같지 아니하니 사람은 외모를 보거니와 나 여호와는 중심을 보느니라 하시더라"

I. 다윗을 택하신 하나님 (16장)

1. 하나님께서 사무엘에게 어떤 새 일을 준비시키십니까? (1~5)

_____

_____

2. 새 왕을 세우는 일에 하나님이 보시는 기준이 사람과 어떻게 다릅니까? (6~10)

_____

_____

3. 다윗이 어떻게 하나님의 택하심을 받게 됩니까? 하나님이 택하신 다윗은 어떤 자였으며, 기름부음을 받은 후 그에게 어떤 변화가 있었습니까? (11~13)

1) 다윗이 택함 받은 방법

_____

_____

2) 다윗의 상태

_____

_____

3) 다윗의 변화

_____

_____

4. 하나님의 영이 떠난 사울이 어떻게 되었습니까? (14)

_____

_____

5. 다윗은 어떠한 소년이었으며, 어떻게 해서 사울에게 오게 되었으며, 사울이 그를 어떻게 대합니까? (15~22) 사울에게 있는 악령이 어떻게 치료됩니까? (23)

1) 소년 다윗

_____

_____

2) 오게 된 계기

_____

_____

3) 사울의 대우

_____

_____

4) 악령이 치료된 방법

_____

_____

6. 하나님은 우리의 어떤 면을 보시고 쓰시는지 나누어 보세요.

_____

_____

II. 하나님의 이름으로 승리한 다윗 (17장)

1. 블레셋 장수 골리앗의 모습이 어떠합니까? (1~7) 그가 어떤 말로 이스라엘을 모욕하고 위협했으며, 이때 사울과 백성들의 모습이 어떠합니까? (8~11)

  1) 골리앗의 모습

  _____

  _____

  2) 골리앗이 모욕과 위협의 말

  _____

  _____

  3) 사울과 백성들의 모습

  _____

  _____

2. 다윗이 어떤 방법으로 전쟁터에 가게 됩니까? (12~22)

_____

_____

3. 골리앗 앞에 두려워 도망하는 백성들에게 사울은 어떤 현상금을 걸었습니까? (23~25) 골리앗의 말을 들은 다윗의 마음이 어떠했습니까? (26,27)

  1) 현상금 내용

_____

_____

  2) 다윗의 마음

_____

_____

4. 다윗의 큰형 엘리압이 다윗을 어떻게 책망합니까? (28) 다윗이 어떻게 형의 방해를 이기고 사울 앞에 나가게 되었으며, 소년 다윗이 왕을 어떻게 위로합니까? (29~32)

1) 엘리압의 책망

_____

_____

2) 사울에게 나가게 된 방법

_____

_____

3) 다윗의 위로

_____

_____

5. 소년 다윗이 골리앗과 싸우고자 하는 동기와 그 확신이 무엇입니까? (33~37) 다윗이 어떤 상태로 골리앗에게 나갑니까? (38~40)

1) 다윗의 동기

_____

_____

2) 다윗의 확신

_____

_____

3) 다윗의 상태

_____

_____

6. 골리앗이 다윗을 상대로 어떻게 나오며, 그가 의지하는 무기가 무엇입니까? 이에 대해 다윗은 어떻게 나가며, 그가 의지하는 것이 무엇입니까? (41~47)

1) 골리앗이 나가는 모습

_____

_____

2) 골리앗이 의지하는 무기

_____

_____

3) 다윗이 나가는 모습

_____

_____

4) 다윗이 의지하는 것

_____

_____

7. 다윗이 어떻게 골리앗을 죽였으며, 그 결과 전쟁이 어떻게 되었습니까? (48~58)

1) 다윗이 이긴 방법

_____

_____

2) 전쟁의 결과

_____

_____

8. 다윗을 통해 우리를 위협하는 대적을 이기는 진정한 힘과 무기가 무엇인지 말해 보세요. (시편 18:1,2)

III. 믿음의 동역자 다윗과 요나단 (18~20장)

1. 다윗과 요나단이 왜 마음이 하나가 되어 생명의 동역자가 되었습니까? (18:1; 14:6) 그들의 사랑과 동역의 관계가 어떠합니까? (18:2~4; 사무엘하 1:26)

1) 다윗과 요나단의 마음이 하나가 된 이유

---

2) 다윗과 요나단의 사랑과 동역

---

2. 하나님께서 다윗을 어떻게 높이십니까? (18:5~7) 이때 사울이 다윗을 어떻게 대합니까? (18:8~9)

  1) 다윗을 높이시는 방법

_____

_____

  2) 다윗을 대하는 사울의 태도

_____

_____

3. 사울에게 언제 악령이 내렸으며, 악령이 내린 사울이 어떻게 합니까? (18:10~11)

  1) 악령이 내린 때

_____

_____

  2) 악령이 내린 사울이 한 일

_____

_____

4. 사울이 왜 다윗을 두려워합니까? (18:12) 사울은 그 문제를 어떻게 해결하려고 했으며, 그 결과가 어떠합니까? (18:13~16)

1) 두려워하는 이유

_____

_____

2) 사울의 방법

_____

_____

3) 결과

_____

_____

5. 사울이 다윗을 어떻게 죽이려고 했으며, 그 결과가 어떠합니까? (18:17~27)

1) 다윗을 죽이려는 방법

_____

_____

2) 결과

_____

_____

6. 다윗을 죽이려는 사울의 형편이 어떻게 되었으며, 사울의 미움으로 생명을 위협받는 다윗은 어떻게 되었습니까? (18:28~30; 시편 1:6)

1) 사울의 형편

_____

_____

2) 다윗의 형편

_____

_____

7. 요나단과 다윗에게 어떤 어려움이 생겼으며, 이때 요나단이 다윗을 어떻게 돕습니까? (19:1~7)

1) 어려움

_____

_____

2) 요나단의 도움

_____

_____

8. 악령에 잡힌 사울이 전쟁에 승리한 다윗을 어떻게 합니까?
(19:8~10) 사울이 다윗을 어떻게 죽이려 하며, 이때 미갈이 어떻게 다윗
을 돕습니까? (19:11~17)

1) 사울의 행동

_____

_____

2) 다윗을 죽이려는 방법

_____

_____

3) 미갈의 도움

_____

_____

9. 다윗이 누구에게로 피신했으며, 이때 하나님께서 다윗을 어떤 방법으로 보호하십니까? (19:18~24)

1) 누구에게

_____

_____

2) 하나님의 보호 방법

_____

_____

10. 다윗이 어떤 어려운 형편에 있으며, 요나단에게 어떤 도움을 요청합니까? (20:1~8)

　1) 다윗의 형편

_____

_____

　2) 도움 요청

_____

_____

11. 요나단이 다윗을 어떻게 돕고자 합니까? (20:9~13) 요나단이 다윗과 어떤 언약을 맺습니까? (20:14~17) 요나단이 다윗과 왜 그러한 언약을 맺습니까?

　1) 요나단의 도움

_____

_____

2) 요나단과 다윗의 언약

_____

_____

3) 언약을 맺는 이유

_____

_____

12. 요나단이 다윗을 돕기 위해 어떤 구체적인 계획을 세웁니까?
(20:18~23) 다윗을 돕고자 하는 요나단이 어떤 어려움을 당합니까?
(20:24~34)

1) 요나단의 계획

_____

_____

2) 요나단의 어려움

_____

_____

13. 요나단과 다윗의 이별이 어떠합니까? (20:35~42)

_____

_____

14. 요나단과 다윗의 관계를 통해서 하나님 나라에 동역자가 되는 요건에 대해 나누어 보세요. (18:1; 20:16; 23:17)

_____

_____

IV. 종합정리

1. 골리앗 앞에서 두려워 떠는 사울과 백성들, 이에 반해 담대한 다윗을 통해 어떤 영적 전투의 원리를 배울 수 있는지 나누어 보세요.

_____

_____

2. 하나님이 함께 하시는 다윗과 하나님을 떠난 사울의 삶이 어떻게 다른지를 자신의 신앙 생활에 적용하여 나누어 보세요.

1) 다윗

_____

_____

2) 사울

_____

_____

04

4강 다윗을 연단시키시는 하나님

본 문 : 사무엘상 21~31 장

요 절 : 사무엘상 26장 23절
"여호와께서 사람에게 그의 공의와 신실을 따라 갚으시리니 이는 여호와께서 오늘 왕을 내 손에 넘기셨으되 나는 손을 들어 여호와의 기름 부음을 받은 자 치기를 원하지 아니하였음이니이다"

I. 사울을 떠나는 다윗 (21~23장)

1. 사울에게서 도망한 다윗이 누구를 찾아가며, 그에게 무엇을 요청합니까? (21:1~9) 다윗이 사울을 두려워하여 어디로 피했으며, 거기서 어떤 어려움을 당하며 어떻게 벗어났습니까? (21:10~15; 시편 34:7,19)

1) 다윗이 찾아간 사람

_____

_____

2) 다윗이 요청한 것

_____

_____

3) 다윗이 피신한 곳

_____

_____

4) 다윗이 당한 어려움

_____

_____

5) 다윗이 위기를 벗어난 방법

_____

_____

2. 다윗이 가드를 떠나 어디로 피했으며, 그때 어떤 사람들이 얼마나 그에게 모였습니까? (22:1~2) 다윗은 그 부모를 어떻게 모셨습니까? (22:3~4)

1) 다윗의 피신

_____

_____

2) 다윗에게 나온 사람들

_____

_____

3) 부모를 모신 방법

_____

_____

3. 다윗이 왜, 어디로 갑니까? (22:5) 이 때 사울의 상태가 어떠합니까? (22:6~8)

1) 왜

_____

_____

2) 다윗이 간 곳

_____

_____

3) 사울의 상태

_____

_____

4. 도엑은 어떤 자이며, 그가 어떤 일을 합니까? (22:9~10) 사울이 어떤 명령을 했으며, 이때 신하들의 반응이 어떠했습니까? (22:11~17) 결국 누가 사울의 악한 명령을 행합니까? (22:18~19)

1) 도엑

———————————————————————————

———————————————————————————

2) 도엑의 행위

———————————————————————————

———————————————————————————

3) 사울의 명령

———————————————————————————

———————————————————————————

4) 신하들의 반응

———————————————————————————

———————————————————————————

5) 악한 명령을 행한 사람

———————————————————————————

———————————————————————————

5. 사울의 학살을 피해 살아남은 아비아달이 어디로 피했으며, 다윗이 그를 어떻게 맞이하였습니까? (22:20~23)

1) 어디로

_____

_____

2) 다윗의 영접

_____

_____

6. 사울을 피해 도피 생활을 하고 있는 다윗에게 어떤 어려운 요청이 들어왔습니까? (23:1) 다윗은 이 일을 어떤 방법으로 처리했으며, 그때 하나님의 응답이 무엇이었습니까? (23:2) 이 일에 다윗의 사람들이 왜 반대합니까? (23:3) 다윗이 그 일을 어떻게 했으며, 그 결과가 어떠합니까? (23:4~6)

1) 요청

_____

_____

2) 다윗의 방법

_____

_____

3) 하나님의 응답

_____

_____

4) 반대 이유

_____

_____

5) 다윗의 처리

_____

_____

6) 결과

_____

_____

7. 다윗은 선을 행하고도 악으로 배반당하는 아픔을 받습니다. 다윗이 그일라에서 어떤 고통을 당하며, 하나님께서 다윗을 어떻게 돕습니까? (23:7~13)

  1) 다윗의 고통

  _____

  _____

  2) 하나님의 도우심

  _____

  _____

8. 사울을 통해 훈련받는 다윗을 하나님께서 어떻게 합니까? (23:14; 25:29)

  _____

  _____

9. 사울에게 쫓기며 생명의 위협을 받는 고난 중에 있는 다윗에게 요나단이 어떤 말로 용기와 믿음의 확신을 주었습니까? (23:15~18)

  1) 용기

  _____

  _____

  2) 믿음의 확신

  _____

  _____

10. 백성들의 고발과 사울의 추격으로 인해 다윗이 어떤 고난을 당합니까? (23:19~26) 이런 위기 상황 중에 하나님께서 어떤 일을 행하십니까? (23:27~29; 고린도전서 10:13)

  1) 다윗의 고난

  _____

  _____

2) 하나님이 행하시는 일

_____

_____

11. 다윗과 사울의 관계를 통해 의인과 악인이 왜 함께 할 수 없는지 말
해 보세요. (시편 1:1,5; 갈라디아서 4:29; 디모데후서 3:12)

_____

_____

II. 다윗의 신앙인격 훈련 (24~27장)

1. 다윗이 자기를 죽이려 하는 사울을 죽일 수 있는 기회가 주어졌을 때
그가 어떻게 했습니까? (24:1~4) 다윗이 그렇게 한 이유가 무엇이며, 여
기서 다윗이 하나님 앞에서 어떤 훈련을 받고 있습니까? (24:5~7)

1) 다윗의 행동

_____

_____

2) 이유

_____

_____

3) 다윗의 훈련

_____

_____

2. 다윗이 사울을 대하는 모습을 통해 그의 신앙 인격이 어떻게 나타납
니까? (24:8~15) 특히 사람을 상대로 하지 않고 하나님을 상대로 훈련
받는 신앙 자세에 대해 말해 보세요.

1) 다윗의 신앙 인격

_____

_____

2) 다윗의 신앙 자세

_____

_____

3. 다윗의 말을 들은 사울의 반응이 어떠했습니까? (24:16~19) 사울이 다윗에게 어떤 고백을 하며, 무엇을 맹세하게 합니까? (24:20~22) 다윗을 훈련시키는 도구로 쓰이는 사울을 통해 배우는 신앙적인 교훈이 무엇입니까?

1) 사울의 반응

_____

_____

2) 사울의 고백

_____

_____

3) 맹세

_____

_____

4) 교훈

_____

_____

4. 나발과 아비가일은 어떤 사람입니까? (25:1~3) 나발이 다윗을 어떻게 대했으며, 이에 대해 다윗이 어떻게 하고자 합니까? (25:4~17, 21~22)

1) 나발

_____

_____

2) 아비가일

_____

_____

3) 나발의 행동

_____

_____

4) 다윗의 대응

_____

_____

5. 아비가일의 총명 (25:18~20), 겸손 (23~25), 하나님 중심적인 지혜로운 신앙 (26~31)이 어떻게 나타납니까?

1) 아비가일의 총명

_____

_____

2) 아비가일의 겸손

_____

_____

3) 아비가일의 신앙

_____

_____

6. 다윗이 아비가일을 만나는 사건을 통해 어떤 하나님을 찬양하며, 하나님께 무엇을 감사합니까? (25:32,33) 아비가일의 지혜를 통해 하나님은 다윗, 아비가일, 나발에게 각각 어떤 일을 행하셨습니까? (25:34~44)

1) 다윗의 찬양

_____

_____

2) 다윗의 감사

_____

_____

3) 하나님이 하신 일

_____

_____

   a. 다윗

_____

_____

   b. 아비가일

_____

_____

c. 나발

_____

_____

7. 하나님께서 다윗에게 또다시 사울을 죽일 기회를 어떻게 주셨습니까? (26:1~7,12) 이때 아비새는 다윗에게 무슨 말을 했으며, 다윗은 어떻게 했습니까? (26:8,9)

1) 다윗에게 주어진 기회

_____

_____

2) 아비새의 말

_____

_____

3) 다윗의 반응

_____

_____

8. 자기를 죽이려는 사울에 대한 다윗의 신앙 자세가 어떠합니까?
(26:10,11) 하나님께서 어떤 일을 하셨으며, 이에 다윗이 어떻게 합니
까? (26:12)

1) 다윗의 신앙 자세

_____

_____

2) 하나님이 하신 일

_____

_____

3) 다윗이 한 일

_____

_____

9. 다윗이 아브넬에게 무슨 말을 하며 (26:13~16), 사울에게 어떤 말로
간청하며, 이에 대해 사울의 반응이 어떠합니까? (26:17~21) 다윗이 사
울에게 하나님 앞에 어떤 자기 신앙을 말하며, 이에 대해 사울이 어떻
게 말합니까? (26:22~25) 그들이 각자 어디로 갑니까?

1) 아브넬에게 한 말

_____

_____

2) 사울에게 한 간청

_____

_____

3) 사울의 반응

_____

_____

4) 다윗의 신앙

_____

_____

5) 사울이 한 말

_____

_____

6) 각자 가는 길

_____

_____

10. 다윗이 어디로 가서, 얼마 동안 머무르고 있습니까? (27:1~7) 다윗이 어떤 방법으로 아기스의 신임을 얻습니까? (27:8~12)

1) 다윗이 간 곳

_____

_____

2) 다윗이 머문 기간

_____

_____

3) 다윗이 한 방법

_____

_____

11. 다윗은 하나님께서 사울을 죽일 기회를 주었으나 하나님이 기름부으신 왕이라는 이유로 죽이지 않았습니다. 반면 사울은 하나님께서 다윗을 왕으로 세우실 것을 알면서도 하나님의 뜻을 거슬러 그를 죽이려 했습니다. 하나님의 사람 다윗의 훈련 도구로 쓰임 받고 있는 사울을 통해 우리에게 주는 신앙적인 교훈에 대해 말해보세요.

_____

_____

III. 사울의 결국 (28~31장)

1. 다윗에게 어떤 어려운 위기가 생겼으며, 이에 다윗이 어떻게 대처합니까? (28:1~2)

1) 다윗에게 주어진 위기

_____

_____

2) 다윗의 대처

_____

_____

2. 사울에게 주어진 상황적인 위기와 영적인 위기가 무엇입니까? (28:3~6) 사울이 그 문제를 어떻게 해결하려고 하며, 그 결과가 어떠합니까? (28:7~25)

1) 상황적인 위기

_____

_____

2) 영적인 위기

_____

_____

3) 사울의 방법

_____

_____

4) 결과

_____

_____

3. 하나님께서 다윗에게 닥친 위기를 어떤 방법으로 해결해 주십니까? (29:1~11)

_____

_____

4. 시글락에 돌아왔을 때 다윗에게 어떤 어려움이 있었습니까? (30:1~6)

_____

_____

5. 다윗이 위기 상황을 어떻게 해결하고자 합니까? (30:6~8) 다윗이 전쟁에서 어떻게 승리했으며, 전리품을 어떻게 처리합니까? (30:9~31)

1) 위기 해결 방법

_____

_____

2) 승리 방법

_____

_____

3) 전리품 처리 방법

_____

_____

6. 사울의 최후가 어떠합니까? (31:1~6) 사울의 시신이 이방인 블레셋에 의해 어떻게 모욕당합니까? (31:7~10)

1) 사울의 최후

_____

_____

2) 사울의 모욕

_____

_____

7. 길르앗 야베스 사람들이 어떤 일을 했습니까? (31:11~13)

_____

_____

IV. 종합정리

1. 다윗을 기름부음 받게 하신 후 사울로부터 극심한 고난을 받게 하신 하나님의 뜻이 무엇인지 나누어 보세요. 하나님 나라에 일꾼이 되기 위해서 왜 훈련이 필요한지에 대해 나누어 보세요.

1) 고난에 대한 하나님의 뜻

_____

_____

2) 훈련의 필요성

_____

_____

2. 하나님 중심적인 다윗과 인본주의적인 사울의 대조적인 인격, 신앙 관, 삶이 어떻게 다른지 비교해 보세요.

  1) 다윗

  a. 인격

  _____

  _____

  b. 신앙관

  _____

  _____

  c. 삶

  _____

  _____

2) 사울

  a. 인격

_____

_____

  b. 신앙관

_____

_____

  c. 삶

_____

_____

3. 현재 자신의 신앙 생활에 주어지는 애매한 고난에 대한 하나님의 뜻이 무엇인지 나누어 보세요.

_____

_____